INEXTINGUIBLE

JORGE AGUSTÍN RODRÍGUEZ

Editorial Dos Islas

INEXTINGUIBLE

JORGE AGUSTÍN RODRÍGUEZ

A Mariza González Cuestas, In Memoriam
Santander, España.

EL SILENCIO TIENE DERECHO A LA HERMOSURA

En *Inextinguible,* Jorge A. Rodríguez nos entrega una profunda experiencia de participación, el diálogo de quien convive con las cosas y ha llegado a intimar con la naturaleza. Sus versos tienen el vigor expresivo del silencio que trae la poesía de la rememoración. Poesía que toca las raíces más auténticas del ser, *donde habitan fantasmas y pájaros nocturnos/ que nos hablan al oído el silencio de los muertos.* Versos que dan significación e importancia a los hechos del diario vivir, mientras van conformando una obra de asombrosa coherencia.

Poesía para recordar quienes somos, escritura de la convivencia con el hombre, construida con las minucias de la cotidianidad, lleva consciencia de la vida de los otros y de nosotros mismos en lucha contra el tiempo y la realidad. Poeta del don, con una disposición o gracia natural para alcanzar la expresión poética, lleva en sí la capacidad de conmover, entiende a la poesía como método real de discernimiento y síntesis (sinestesia) de la belleza, o elocuencia de la simplicidad. *La palabra ha engendrado tantas incógnitas... El silencio tiene derecho a la hermosura.* Jorge nos lleva a conocer su mundo referencial, y el orbe lírico que él ha creado mientras nos acerca a su universo familiar sin exaltaciones temperamentales, dado esencialmente a la contemplación y al disfrute sosegado de los recuerdos que lo acompañan.

Poesía con olor a nostalgia, con su carga afectiva, donde no faltará la multiplicidad y riqueza del entorno, la ausencia en contraste con ese paisaje eterno que desconoce *la avidez de la muerte*. La insularidad y el viaje como tema de fondo, *el agua siempre, el ruido del agua, el hombre que camina /con sus escamas /desde la garganta al vientre*. El recuerdo de la isla: *Estás con la vigilia de los ojos que nunca han dejado de mirarte*. El agua en Jorge tan indispensable como en la poesía de Dulce María; pero si en la Loynaz era un agua ronca, un agua delgada y trasparente con sabor a milagro, en Jorge es un agua cercada, dolorosa y con sabor a naufragios... *mi corazón ha sentido el dolor de las aguas. El mar se vuelve monstruo, /nos aleja.*

Mis amigos han muerto,
las campanas doblan y siguen
doblando
en cada palmo de agua.
Los peces
escapan al destello del disparo.

Poesía que recoge palabras y silencios, imágenes y presencias inconmovibles, donde es perceptible cierta tristeza que nos llega del reencuentro con el pasado. Por momentos lo acompañan ciertos tonos de desesperanza, y frustración. *La desconfianza de los que te abrazan, /morbosamente fríos, /como los huesos de los difuntos /que nunca amaron.* En otros textos sobresale una elemental pureza. *Hoy llueve /y veo pasar los paraguas /como la sombra de la primavera.* Limpidez, frescura, síntesis, enumeraciones, sencillez sintáctica y lexical, elementos todos manejados con una poderosa eficacia que lo convierten en un creador genuino. El poeta que ha sentido la esperanza que se levanta en el poema, y *escribe como un geranio, /un gladiolo /en el acto de la sombra /de lo vivido, con las manos temblorosas, y /el amor que no se extingue.*

Odalys Interián.

INEXTINGUIBLE

Hoy llueve
y veo pasar los paraguas
como la sombra de la primavera.

Hoy viernes santo
nos hemos sentado a la mesa
para rememorar el tiempo
dar gracias por el pan, el vino,
la sangre de Cristo.
Enciendo la antorcha del destino,
Muestro una sonrisa
del tamaño de un cielo.
Abro mis brazos al mundo,
a la mar,
donde he visto mi rostro de niño.

Camino con mi Madre
al embarcadero
donde salen los barcos sin regreso.
Soy un náufrago,
un ave que emigra,
seguro de los hechos
vuelo hacia la vida.

Ya en el camino
vi a Dios
y vengo de regreso.

DANZANDO

Esta iluminación desde una vasija de
barro,
el barro de donde salen hombres
danzando.

Yo lo veía a oscuras
desde la ventana de mi cuarto.
Ese niño triste me persigue.
Los pájaros revolotean.

Esa mujer me defendió con su ternura
cuando yo no sabía de izquierda ni
derecha.

Ya no ando peregrinando,
mi esqueleto ha envejecido.

Me miré en el espejo
vi mi cráneo
mi nuca
mi pecho
el abdomen.
Me conocí
tenía la poesía clavada
en una esquina del cuerpo.
Me perseguía como duende

todo me hizo sentirme ignorado,
silencioso
sufrir lo de otros,
amar las aguas
a la hora del llanto
a los árboles
que solo tienen nombre
sin apellidos,
como yo.

TRASTOCAR EL TIEMPO

No quiero morir a golpes de agua
ni de despojos que llegan a la orilla
anhelo soñar la luz
y trastocar el tiempo con mis manos
pensar en caracoles.
Libros.
Palmeras.
No perderme en el sonido de las copas
ni creer en largos diálogos,
no planear
sobre el punto al cual vamos;
en el vuelo de la vida.
Los esquemas nos envuelven
y nos hacen mirar
nuestro silencio
para prolongar la existencia
y sentir el perfume de las rosas.

No tiendas trampa al que llega.
Somos cristales,
en la esquina de un segundo
nos quebramos.

PLANETA

Esos planetas que no dicen
el color del fondo de tus ojos,
como tampoco enseñan
el lodo que jugueteó en tus dedos.
Los ríos evaporan el sueño de los peces,
la muchedumbre sueña,
el amanecer nos sorprende.
La vida es el amor que profesamos
el canto de los pájaros
que aún quedan mientras la noche
se va en el rito de los astros.
Me deslizo en una franja del destino,
finjo que estas hojas terminan
por quemarse en el infierno.

No importan laberintos
ni conjuros,
ciento de voces buscan renacer
en nuestras manos
y seguimos como aves
a la espera
de nuevos calendarios.

Abismo

Caballo ciego
sin jinete
anda el abismo infinito
de la muerte.

Luz que alumbra
un corazón desvelado
en busca de un tibio reposo.

El propio Dios sigue su camino
niña de mis ojos
hinca mis pies descalzos.
En este instante siento ser
esqueleto sin música
imbuido
en la falaz de la muerte.

a Jesús CosCause

MARCAS EL COMPÁS DE LOS
ANTEPASADOS
los que hicieron su idioma
para no perecer antes de tiempo.
Navegas con los signos
del lomerío y la bahía.
Tú, poesía del universo,
tu voz como los cristos.
Cantemos todos hoy al poeta
¨Quijote Negro Amigo¨,
alcemos las copas
que van a la rompiente.
Las copas
que vuelan nostálgicas como las estrellas
que está en los ojos del poeta
y *fulgoriza* la poesía caribeña.
Caribe.
Tus mujeres de cobre
y de noche clara
blanca como la espuma
con sabor a agua salada.
Tu triángulo de la muerte.

Los delfines cantan
las mariposas bailan al ritmo
de los tambores,
las manos tocan,
tocan las noches estrelladas.
Corazón de las Américas,
ricas aguas antillanas.

Las arenas llegan a ti,
por tus aguas imantadas, Caribe.
se proyectan las luces de los ancestros
marineros.
Caribe.
Eterno jardín.
Nunca te apagas.

ANTIGUAS FOTOS DE FAMILIA

ANTES DE NACER

Quién fui
antes de nacer,
de dónde escogí a mis padres
del infinito,
de la mar,
en un pedazo de luna,
qué planeta me recibió
o fui precipitado al espacio.
Sin predecir futuro
entre el sol y las estrellas.
Llueve
la humedad cala,
las congojas infantiles
las enjuago en mis manos de hombre
como luces
golpean,
dejo atrás las nieblas,
beso al destino
con un pan
y un libro.
Abro espacios
Indescifrables.

A mi padre

HE SENTIDO LA ESPERANZA
de estrechar tus manos
con rasgo de tiempo.
Este tiempo de presente y porvenir
es oscuro.

Espinas con alas de paloma
pretenden cambiar nuestro camino,
siempre tendré un parpadeo de amor
antes del derrumbe.

Siento en mis mejillas
esa ausencia de apertura sin final.

Mis ojos han visto el quejido de los peces,
mi corazón ha sentido el dolor
de las aguas.

El mar se vuelve monstruo,
nos aleja.

Miro el cielo.
Me acerco a Dios por tu destino.

Comenzamos a descifrar colores.
El silencio fue el lenguaje.
Nos disfrazamos de jigües
y otras veces caminamos
la Calle Noventa, a oscuras,
con el valor de nuestra sangre.

SILENCIOS DE MI MADRE

Desde que te fuiste
a ese transparente lugar
donde te esperó la abuela
las tradiciones
se han ido al agujero negro:
llegó a mí la soledad.

Recuerdo los aguaceros
donde empapé mis ropas junto a ti.
El olor de la comida
hecha por tus manos.
Madre
tu silencio,
una sonrisa de tus ojos.

Ahora circundan intereses,
agravios, desagravios.
Lo he dicho:
el agujero negro.
Pero no temas,
he de sobrevivir a los naufragios.

ABUELA

No estás en cualquier esquina,
te veo a través del cristal
de la lluvia,
entre el vaivén de las cañas.

Te siento caminar
por encima de la bahía,
cerca del cañón
donde se juntan nuestros muertos.

Solo te has dormido
en la escalera
de nuestra sangre.

Hoy te vi
silenciosa
en el amanecer
y recordé tu voz.

Tú nos mecías
para empinarnos
y tocar las estrellas.

HERMANAS

A Antonia y familia

Medito el tiempo
el nuevo día que palpa mi cuerpo.

Fijo mis ojos
en el quehacer de tus manos.

Van como trazos de paz
entre el alma y la mente,
el calor de la cocina
anfitriona de buen gusto,
el salmón en la mesa,
los seres queridos,
un susurro
como das gracias,
y nosotros guardamos
la mejor palabra,
la que no se dice.

Comencemos la cena.

DIANIZET

Hemos seguido el viaje con sorpresas.

Mi trineo ha escapado a las avalanchas,
creo en los ritos, confío en los fuertes,
ellos aman la esperanza de los peces
que se han escondido en las rocas.

Sé de la profundidad de los océanos,
confío en la luz de la marca del destino.

!A quién no se le ha quedado encerrada
una llave en la oscuridad del silencio!

Alicia necesita abrir la puerta,
aunque el conejo esté delante.

Isabel

Un espacio
para dibujarte
un poema
con las líneas de tus ojos
como el verdor
de los naranjales
de Omaja.
Ellos vieron tu niñez
y tú adelantaste el tiempo
desde tu columpio
coloreando
pájaros verdes
      azules
escribiendo fábulas
y soñando con guerreros
que te lleven
a otras tierras más ingenuas
para no esconderte más.

LADRILLO A LADRILLO

Ladrillo a Ladrillo
he empalmado
con el sudor de mis dedos,
encajando la pared
con un brazo del tiempo,
el tiempo juega
con nuestras figuras
los deslaves,
construcciones,
grandes edificios.
Barres como caracol
donde nos empapamos
de alcoholes
y tocamos las estrellas
y nos miran sus propios destellos.
Se rompe la magia
de los bosques
de una vejez prematura,
los sueños,
deslices;
preferimos
en el juego
ser
peón
alfil
caballo,
podemos ser rey.

No admitimos
la última jugada.
Estallan los cristales.

QUIJOTE

QUIJOTE

Sacar voluntades del centro de la tierra,

Encontrar un escudo,
una lanza,
un caballo,
un amigo,
un amor,
molinos que no cesan,
veletas que trascienden la distancia.

Converso con los libros que tengo y no
tuve,
me transporto a otro mundo
donde sólo hay luces que se encienden.
Al anochecer
juego con niños en el laberinto de
cascabeles.

Sueño
y me olvido
de que tengo muchos siglos.

París con aguacero

y el hombre... pobre... ! Vuelve los ojos,
como cuando por sobre el hombro
nos llama una palmada!
CÉSAR VALLEJO

Tu voz invade las ciudades.
Naciste
a tres mil cien metros
sobre las aguas.

Cuento las estrellas junto a ti.

Tus raíces
llegaron a París
con tu verbo sagrado.

¿Otilia, seguirá en tu espalda
o quedó sepultada en Santiago?

Me moriré en París
del cual tienes ya el recuerdo.
Te veo caminar bajo la lluvia.

GASTÓN BAQUERO

En su muerte.

Qué duende estaría de desvelo
la noche de su llegada,
gritos del alma en cuatrocientos
laberintos.

Usted disfrazado de lucumí
caminando por encima del lenguaje,
torrente que fluye en las arenas
como golpes de aguas encendidas.

Los versos permanecen,
bajo la cadencia del testamento.
Círculo que ha visto el quejido del pez
deambulando la ciudad,

Su cuerpo se transporta.
Agazapado en la luz
a la hora de la muerte.

Ernest Hemingway

EN LAS TARDES DE PAMPLONA
la muchedumbre,
en el legado ancestral
del espíritu taurino.

Tu fiesta en París,
vigilia de la muerte,
los safaris en Kenya
escupes a ciegas
sobre la blancura del Kilimanjaro.

Tus recuerdos del norte, del sur
y del Caribe que leyó
las últimas líneas de tus manos.

Cada mañana
te abraza el viejo pescador
y yo sigo solitario.

Mis amigos han muerto,
las campanas doblan y siguen
doblando
en cada palmo de agua.
Los peces
escapan al destello del disparo.

EN LA MEMORIA DE LA VIEJA
CASONA
los gritos de los niños
aún se transforman en luciérnagas.

Como la transparencia,
su mirada siempre a lo azul
lleva el mar en sus espaldas.
Caracola,
gaviota encendida,
zunzún de las arenas y los mares,
saltan sus ojos verdes.

COSME PROENZA

Con olor
pintabas caballos
en el silencio de los relojes,
al árbol
los colores llegaron como destellos.

En el lienzo,
encaje de luz
danza tu pintura
y Cecilia canta a los montes
y a los pájaros que revolotean en tu pecho.

El silencio,
la mirada de los niños,
la voz de tu sangre y esa mujer,
paso a paso
como una sombra
te resguarda.

Félix Chacón

MI AMIGO FUE A LA GUERRA
dejó atrás andamios,
arquitrabes,
las juntas de la mezcla
amordazadas.

Él, sin miedo
acomodaba ladrillos
en las alturas
ganando piso a piso,
hasta tocar el cielo
repetidas veces.

Las olas de polvo
volaban.

Mi amigo fue a la guerra,
dejó a tras sus hijos,
mujer,
moto,
caballo,
se fue lejos
hasta perderse en el silencio.

Daisy Granados

EL SÉPTIMO ARTE
crece en ti como marea,
tus labios,
caracoles con palabras,
gestar la espiral que sueñas.

Vas por tus calles
junto al tiempo con tu horóscopo.

La transparencia es tu luz,
temo por ti cuando te vayas,
la soledad será un punto en la noche,
te llevaré siempre en mis manos,
como una sombra.

Jorge Manrique

TU SILUETA
vestida de soldado
en el viento gris
de tu cautiverio.

Tus labios
llevan en sus filos
las coplas a tu padre
como un salto de agua
en la garganta
a la hora de la muerte.

Las rosas
a los amores de pasos.
Tu espada,
tu pluma de Poeta
como una estrella firme
más allá
del tiempo.

El Guardador

Salta una frase
late en mis manos,
suena en mi lengua
una fuerza me hace pronunciarla
saboreo la palabra
digo tu nombre
a la luz de un sol eclipsado
vestido de azul
las botas puestas
atrapado en el tiempo
bailan sobre nuestras cabezas
como sunamis
los ojos fijos,
pájaros que anidan,
      la sombra
           los ruidos
                la noche
                    las nubes
   el mar.
El guardador de secreto
se arropa
en su silencio.

Primero era el agua

primero era el agua:
un agua ronca,
sin respirar de peces, sin orillas
que le apretaran...
Era el agua primero,
sobre un mundo naciendo de la mano de Dios...
DULCE MARÍA LOYNAZ

La bahía

Cerca, la ciudad de mi pecho.

Sobre las espaldas
mi infancia.
Lejanía en las manos.

La tierra y el mar
se hacen visibles.

Los anhelos se esconden
en nuestras vísceras,
dañan, revolotean;
son como el horno
quemando la leña
en silencio.

En los labios
el grito de fuego,
aturdía la muchedumbre
de Santander desnuda
desde la mar,
la península,
desde muy adentro.

Angeline y Maritza

DESPUÉS DE CINCO SIGLOS
he decidido hacer el viaje,
he meditado ir a esas islas,
inmensas de azul,
a las que baña el salitre caribeño,
aguas con sabor a naufragios,
cruce de los cocoteros que envejecen.

Las estrellas resbalan por mi cráneo,
muy cerca se escuchó
el primer grito de ! ¡Tierra !
Y aún se sienten las voces desde los
manglares.

¡Oh Isla!
Estás con la vigilia de los ojos
que nunca han dejado de mirarte.

LOS MOMENTOS ANCESTRALES

La familia,
los primos reunidos,
el sabor de la comida,
el restaurante La Parra,
el calor de la sangre,
la huerta,
los encurtidos,
los pasos al mañana,
el hoy bendecido,
las fotos de todos,
los abuelos al centro,
el barrio la Franca,
el ruido del mar,
la playa,
los pequeños islotes,
a lo lejos mi Isla
mis recuerdos.

A Pedro Lastra

LOS OJOS DEL MAR TE MIRAN
desde un país largo
el color cobrizo
bajo tierra
el vino te olfatea
llevas el sabor a uva.

Con olor a nostalgia
sigue martillando el verso.

La sonrisa de ella
en tus adentros
haciendo figura
de la lejanía.

Los Raqueros

LOS RAQUEROS

Con su inocencia
desafiaban la muerte,
se lanzaban al agua,
abiertos los ojos
a la velocidad del tiempo
para pescar sueños perdidos.

Los turistas
lanzaban monedas,
surcaban las aguas de la bahía
y ellos como peces
volaban,
cogían sus presas,
las subían
en sus manos.

El sueño Raqueros
sigue vivo
bajo la lluvia.

La luna y el sol
cada mañana
calientan y acarician la orilla
donde ellos se abisman.

El hombre pez de Liérganes

Liérganes

Camina el hombre
con sus escamas
desde la garganta al vientre.

Liérganes
la bruma te siente
en las calles,
los puentes,
en el río.
Bajo la luna
se ve tu luz
con alma de hombre.

Manos escondidas
en el ruido del agua.
Francisco de la Vega
camina con su silencio
intrépido
de pez
siempre fuera
de las redes.

TIEMPO DE BOLERO

EN TIEMPO DE BOLERO

He decidido
no entrar en Internet,
ser más natural
en todas las cosas
de mi vida.

Oír
un solo de trompeta
tocado por Sandoval,
buscar luciérnagas
en noches oscuras,
hablar con la luz,
tener
ordenado mi cuarto.

Sentarme a la mesa
sin conjurados
o en el banco de un parque
en mi pueblo,
hacer un tiempo
hablando de todo
menos
de cibernética.

Quiero bailar
un bolero con la mujer
que amo.

MUJER

Tengo un universo
para pensar en ti
porque me has conmovido
como las estrellas.

Cae la lluvia
y los árboles
se enamoran en silencio.

Pienso en ti
como el grito de un niño,
aunque mi voz
se escurre en el tiempo.

Miro el mar
lejos,
y te siento mariposa escondida
entre las nubes y el viento
de mis noches,
alas de música
que me desvelan
hasta el amanecer.

GUITARRA

La guitarra
atándome en sostenidos y bemoles
se hizo un espacio en el mar,
caminé con ella
ardía mi cuerpo.
Las nostalgias invadieron
mis ojos,
Volar a mi casa,
la sala,
el sonajero,
su música natural,
la foto de mi astro
en la espiral
del brillo azul de las paredes.
Mis amigos,
en el rectangular de madera,
en espera de nuestras manos.

La mesura de mi cuarto,
lámpara vertical enrojecida
con su aureola,
el olor del rocío;
nosotros como potros en la selva
¿Fueron posibles estos amaneceres?

DOS CUERPOS

Dos cuerpos se enlazan
en el tiempo y el espacio,
a escondidas
bajo el silencio de la madrugada.
Ellos
nacieron a distancia
de puntos cardinales.

El tiempo
pasa y pasa,
no importa la edad
para el encuentro.

En la tierra,
el infierno,
la gloria.
Dos cuerpos
que se atraen
nadie los separa.

Yolanda

COMO UN PEDAZO DE ROSA
tatuado en mi pecho,
como una imagen perdurable
en mis adentros.
Un hálito
el cruzar del río,
el color del monte en el amanecer
contar las estrellas juntos,
poder ver el satélite perdido
en el universo.

Mujer
vives como aurora boreal
en un confín
de esta tierra
donde llega
de una vez
mi pensamiento.

Sara

TÚ ESTÁS POR ENCIMA
de Cleopatra y de Penélope.

Eres un pedestal
fundido
de amor y encono,
de agua y plata.

Tú corazón
está por encima
de nuestras propias costumbres.

Te alzas
por estas calles marianences
se ve Zulueta en tu reflejo,
en el desenlace
de lo que pudo haber sido.

La realidad está en ti misma,
la luna en tu signo.

El fulgor permanece
incluso más allá de tu cabeza.

Al oír tu nombre

AL OÍR TU NOMBRE
el corazón desbordado.
Retrocede el camino:
ahora sólo quedan huellas.

Por donde corriera el agua fresca,
hay fango agua inerte, sucia.
Mi alma no tiene sus filos.
Nervios son mis venas.

El corazón vuela como hoja seca
al desfiladero de su destino
para cavar su muerte.

Gabriel Isada

**COMO SI PARTIERA EL EJE DE LA
TIERRA,**
tú escurriéndole al verdugo
y más allá de lo infinito
como hoguera
el mar dejando una abertura
para sepultar tu voz.
Sin reposo en el silencio
puede amanecer la velocidad del viento
entonando tu canto
para que el cañón y la corriente marina
se acuerden de ti.

Una ansiedad con alma

He sido un dislocado
entre calles y ciudades
en la prisa de mi tiempo.
He sido una burbuja,
un polen,
un tronco silencioso,
una ansiedad con alma
que ha visto
la humildad
y la soberbia
como la vida de todos
está en un hilo de telarañas.
He sabido apreciar la mañana
y la nostalgia del ocaso
y ahora cruzar las líneas de las aguas
para llegar a Ítaca
y decirle a Penélope despierta
todo ha sido un sueño.

LA PALABRA DENTRO DE UNA PALABRA

La palabra dentro de una palabra

La palabra ha engendrado
tantas incógnitas.

Busco la piedra en qué sentarme
frente al mar
mientras el pez
duerme su silencio.

Nos esperan viajes
tan largos.

La miseria asecha
en la hacinada humanidad,
geografía numerosa de un siglo
donde la guerra es premisa
de tierras prometidas para nada.

El silencio
tiene derecho a la hermosura.

LA COPA

Una copa que vuela
¿Quién la ha visto antes que yo?
JOSÉ MARTÍ

En el viejo corredor frente al mar
le cantamos al alba,
miramos atrás,
inertes,
sus cuerpos
bajo los pinos,
con silencio de distintos colores.
Están entre nosotros.

Somos eslabones
en esta tierra
que siempre tendrá
una sola cara.

Las copas vuelan al rompiente,
juguetean,
regresan
a nuestras manos de nostalgia.

El ruedo final

En la fiesta de toro
la única bestia es el público.
ERNEST HEMINGUWAY

Oleé
cantan los pases,
caminan en las estrellas
poniéndose en juego
las cornadas del corazón.

La sombra de muerte está en el círculo,
el hombre y el animal se escudan
para que no sea la última salida
y cerca,
miles de pupilas,
exigiendo como verdugo
corra la sangre en la arena.

NO TE CULPO, CIUDAD

Ciudad de dobles cementerios,
sobre la hierba limpia.

Ciudad,
que mientras agoniza
el tiempo, sigue a la espera
de nuevas paredes
para la vieja Iglesia.

No te culpo
por lo terrible.

No te culpo
por los que mienten

No te culpo
por el llanto de los que transpiran
mil veces en busca del pan.

No te culpo
por los osarios
que ya no alzan
el trofeo de la victoria.

Cielo grisoso

Ciudad de los puentes,
ríos,
pájaros de hierro dejan ruido
en el cielo grisoso,
la añoranza de la casa,
el calor humano.
La nueva iglesia
con su opulenta arquitectura.
Las noches de lotería
donde el desaliento es progresivo.
Los trenes en el Swabuay,
entre el silencio y el murmullo;
los cuerpos duermen
antes de llegar,
la sombra de nuestras vísceras,
la nostalgia por la isla
depresiva
solitaria.
¿Dónde están los que nos miran
desde la lejanía?

MI CAMINO

Caminé con mi juguete al hombro,
con un pregón en mis labios.

La ciudad se acortaba,
sentía alguna voz.

La emoción llevaba mi corazón
al universo,
mis manos se movían
con la posición y el brillo de mis zapatos,
sentía volar un sinfín de mariposas.

Qué hombre no ha venido a esta tierra
a dar el sacrificio de sus huesos.

Las flores, las espinas, los misiles, el sexo.
Mi infancia sigue conmigo
y las mariposas aún están sobre mi
cabeza.

LA CASA

Las puertas
carcomidas por el tiempo.
La lluvia y el viento
dan su música.
Se siente el dolor,
no se termina
el calor de la sangre.
Se augura
otro nacimiento,
el grito del niño
estremece la casa
que nunca ha estado
ni estará vacía.
La ansiedad
sigue mordiendo el alma.
Las uñas se entierran
en las palmas de mis manos
para mitigar mi dolor;
tu dolor
por la incomprensión de los árboles
que el viento dejó sin ropaje.

DICIEMBRE

Tiembla la casa.
Estamos solos .
La casa tiembla,
es diciembre.
Falta el calor humano.
La casa se derrumba
y no hay avión para escapar.
Solo quedo yo,
otros han naufragado.
La casa cae.
Otros esperan
para su andar.
Yo esperaré
bajo la luna
y el sol
como un pedestal
bajo la lluvia.

UN CACHO DE CIELO AZUL

una bahía pequeña
donde desembocan dos ríos.
Los cañaverales
un bohío de tabla de palma
dos rieles largos
por donde corriera el 112
cargado de caña.
La sonrisa de mi Madre,
mi caballo bailarín
al pelo
el bozal
hecho por mis manos
el sabor a luna
después del río
el barrio de torrentera
donde nací
mi escuela de guano y tabla
mi maestra Nanza
mi conserje Petra
la delegada Carmelina.
Allí comencé a amar.

Mi novia platónica
un golpe de mariposas
volando en mi cuerpo

el beso en la mejilla
el apretón de nuestras manos inocentes.

El pupitre
donde nos sentábamos
los ojos de mi novia
como planetas encendidos
mis recuerdos ...

Los ojos miran

Los ojos miran,
la imaginación se trueca.
Los amigos, ingeniosos y depresivos,
habitan el tren oscuro,
en este viaje a la semilla de la manzana
que Elliot nos regaló un jueves
donde habitan fantasmas
y pájaros nocturnos,
ellos nos hablan al oído.

El silencio de los muertos,
y la sangre sigue calentando el amanecer.

La desconfianza de los que te abrazan,
fríos,
como los huesos de los difuntos
que nunca amaron.

El mar profundo,
sin canto de sirena;
las olas más altas llegan,
y la tierra sigue esperando que la amen.

Contenido

Premio Internacional de poesía
Fundación Somos. Miami.

El poeta en el monumento a Félix Varela.

El poeta y su padre.

El poeta con una de sus hermanas.

El Poeta en el exterior del teatro Milanta
de Hialeah.

El poeta con profesores en Hispanic
Latino cultural Center de la universidad
estatal de Nueva York.

Recital de poesía en Hispanic Latino
cultural Center de la universidad con
Pedro Lastra.

Lanzamiento del libro: *Como golpe de agua.*

Recital de poesía con Orestes Pérez en
Somos.

BIOGRAFÍA

JORGE AGUSTÍN RODRÍGUEZ. Banes, 1945. Su obra ha sido publicada en varias antologías, entre ellas: Antología de la poesía de la Universidad de Holguín, Cuba, (1998); *Antología El silencio del aire,* Biblioteca Nacional de los Estados Unidos, Merida; *Antología de la poesía cósmica cubana, Tomo II,* Editorial Frente Hispánico Americano, México 2001; Antología *Santiago-Venecia* en Italia 2006; Antología *Poderosos pianos amarillos,* editorial La Luz, dedicada al poeta Gastón Baquero, (2013).

Tiene publicados los libros: *Como golpes de agua* (2014), (este libro cuenta además con una traducción al inglés). *Un bolero con la mujer que amo* (2016) y *Ensoñaciones del Quijote* (2019). SurcoSur (2019).

Publicaciones suyas aparecen en diferentes revistas como: "Ámbito", "Catedrales de Hormigas" y" Diéresis", entre otras.

Ha obtenido premios municipales y provinciales en concursos de poesía en Holguín, Cuba; fue finalista del Gran Prix de la Biblioteca Nacional de los Estados Unidos y su poesía ha sido traducida al inglés e italiano. Su poemario Golpe de agua fue merecedor del Premio Carmen Luisa Pinto en literatura (2015). Premio Internacional de poesía en la Fundación Somos (2016), Estados Unidos. Participó en el encuentro de escritores de la Costa, celebrado en Cartagena de Indias, Colombia (2017).

Made in the USA
Columbia, SC
18 May 2023

16903947R10067